Víctor M. Ybarra

La IA y las Energías Renovables

Agradecimientos

Quisiera tomar un momento para expresar mi profundo agradecimiento a las personas que han sido fundamentales en este viaje: mis padres.

Quienes han sido mi mayor apoyo y fuente de inspiración a lo largo de los años. Su amor incondicional, sabiduría y sacrificio han sido la base sobre la cual he construido mis sueños y aspiraciones. Gracias por enseñarme el valor del trabajo arduo, la perseverancia y la integridad. Sin su constante aliento y orientación, no estaría donde me encuentro hoy.

A los lectores, les estoy eternamente agradecido por su influencia positiva en este libro. Sin vosotros, este viaje no podría ser posible. Que nuestro vínculo siga fortaleciéndose y que continuemos creciendo juntos en el camino hacia un futuro mejor y más brillante.

Con gratitud y aprecio sinceros,

Víctor M. Ybarra B.

Introducción y contexto

En la era moderna, la humanidad se encuentra en un punto crítico de su historia. Nos enfrentamos a desafíos globales sin precedentes, desde el cambio climático hasta la escasez de recursos naturales. En este contexto, la búsqueda de soluciones sostenibles se ha convertido en una prioridad urgente. Dos áreas clave que han emergido como pilares fundamentales en esta búsqueda son la inteligencia artificial (IA) y las energías renovables.

La inteligencia artificial: Un vistazo al futuro

La inteligencia artificial ha capturado la imaginación de la humanidad durante décadas, desde los primeros conceptos en la ciencia ficción hasta los avances tecnológicos revolucionarios de la actualidad. En esencia, la IA se refiere a la capacidad de las máquinas para realizar tareas que normalmente requerirían inteligencia humana. Esto incluye el aprendizaje, el razonamiento, la percepción y la toma de decisiones.

El desarrollo de la inteligencia artificial ha sido impulsado por avances en áreas como el aprendizaje automático, el procesamiento del lenguaje natural, la visión por computadora y la robótica. Estos avances han llevado a la creación de sistemas y aplicaciones cada vez más sofisticados que están transformando nuestra sociedad y nuestra forma de vida.

Energías renovables: El futuro de la energía

Mientras tanto, las energías renovables han surgido como una alternativa prometedora a los combustibles fósiles tradicionales, que son una de las principales causas del cambio climático. Las energías renovables aprovechan fuentes de energía que se renuevan naturalmente, como la luz solar, el viento, el agua y el calor de la tierra. Estas fuentes de energía tienen el potencial de proporcionar una fuente de energía limpia, sostenible y abundante para las generaciones futuras.

La energía solar, en particular, ha experimentado un crecimiento exponencial en las últimas décadas, con una disminución significativa en los costos de los paneles solares y un aumento en la eficiencia de la tecnología. La energía eólica también ha experimentado avances importantes, con turbinas cada vez más grandes y eficientes que pueden generar cantidades significativas de electricidad.

La sinergia entre la IA y las Energías Renovables

Lo que hace que la combinación de inteligencia artificial y energías renovables sea tan poderosa es la sinergia entre estas dos tecnologías. La inteligencia artificial tiene la capacidad de mejorar significativamente la eficiencia y la efectividad de las energías renovables en varias áreas clave.

Por ejemplo, los algoritmos de aprendizaje automático pueden optimizar la ubicación y la orientación de los paneles solares para maximizar la captura de energía solar. Del mismo modo, la IA puede prever patrones climáticos y ajustar la producción de energía eólica en consecuencia, aumentando la eficiencia y reduciendo los costos operativos.

Además, la inteligencia artificial puede desempeñar un papel crucial en la gestión de la red eléctrica, ayudando a equilibrar la oferta y la demanda de energía renovable, prevenir sobrecargas y optimizar la distribución de energía.

En resumen, la combinación de inteligencia artificial y energías renovables representa un punto de inflexión en nuestra búsqueda de un futuro más sostenible y resiliente. Al aprovechar el poder de la tecnología y la innovación, podemos enfrentar los desafíos del cambio climático y construir un mundo mejor para las generaciones futuras.

Capítulo 1

Un nuevo amanecer

Me llamo Víctor Manuel y hoy quiero contarle cómo un pequeño cambio en la forma en que entendemos la energía transformó por completo nuestro mundo. Todo comenzó hace años, cuando la humanidad se enfrentaba a una crisis sin precedentes: el cambio climático. El calentamiento global y la degradación ambiental estaban alcanzando niveles alarmantes, y necesitábamos urgentemente encontrar soluciones sostenibles para garantizar el futuro de nuestro planeta.

En medio de esta crisis, surgió una luz de esperanza: la combinación entre la inteligencia artificial y las energías renovables. ¿Qué tiene de especial esta combinación? Permíteme explicarte.

La inteligencia artificial, o IA, ha revolucionado la forma en que interactuamos con la tecnología. Desde los asistentes virtuales en nuestros teléfonos inteligentes hasta los algoritmos avanzados que impulsan las redes sociales, la IA se ha integrado en prácticamente todos los aspectos de nuestra vida cotidiana.

Pero su potencial va mucho más allá de simplificar tareas o entretenernos. La IA tiene el poder de analizar enormes cantidades de datos y encontrar patrones que los humanos podríamos pasar por alto. Y es precisamente esta capacidad la que la hace invaluable en la lucha contra el cambio climático.

Por otro lado, las energías renovables, como la solar, eólica, hidroeléctrica y geotérmica, representan una alternativa limpia y sostenible a los combustibles fósiles. Estas fuentes de energía aprovechan los recursos naturales que se renuevan constantemente, sin emitir gases de efecto invernadero ni contribuir al calentamiento global. Sin embargo, su implementación a gran escala presenta desafíos técnicos y logísticos que deben ser superados.

Es aquí donde entra en juego la inteligencia artificial. Gracias a sus capacidades analíticas y predictivas, la IA puede optimizar la generación, distribución y consumo de energía renovable de manera más eficiente y efectiva que nunca. Los algoritmos de aprendizaje automático pueden prever la demanda energética, gestionar la producción en función de las condiciones climáticas y optimizar el rendimiento de los paneles solares y turbinas eólicas.

Imaginemos un día típico en una ciudad del futuro. Desde temprano por la mañana, los sensores instalados en los edificios recopilan datos sobre la radiación solar, la velocidad del viento y otros factores climáticos. Estos datos son enviados a una central de control, donde un sistema de IA analiza la información y ajusta automáticamente la producción de energía renovable en función de la demanda prevista y las condiciones meteorológicas.

A medida que avanza el día, la IA continúa monitoreando y optimizando el rendimiento de los paneles solares y turbinas eólicas, asegurando que se aproveche al máximo la energía disponible. Cuando la demanda de energía alcanza su punto máximo durante las horas pico, la IA coordina la distribución de energía de manera inteligente, minimizando los cortes de suministro y garantizando que todos tengan acceso a la electricidad que necesitan.

Pero la inteligencia artificial no se limita solo a la producción y distribución de energía. También puede desempeñar un papel crucial en la gestión eficiente de la red eléctrica. Los sistemas de IA pueden detectar y prevenir fallos en la red, optimizar el flujo de energía y coordinar la integración de diferentes fuentes de energía renovable en la red existente.

Esta simbiosis entre la inteligencia artificial y las energías renovables está dando forma a un nuevo paradigma energético, uno en el que la sostenibilidad y la eficiencia son prioridades fundamentales. Pero más allá de los beneficios ambientales, esta combinación también está impulsando la innovación y creando nuevas oportunidades económicas.

En los próximos capítulos, exploraremos en detalle cómo la inteligencia artificial está transformando cada aspecto de la industria de las energías renovables, desde la producción hasta la gestión de la red eléctrica. Pero antes, es importante comprender el contexto histórico y la urgencia de esta transformación. El futuro de nuestro planeta depende de ello.

Capítulo 2

Desarrollo del conflicto

En el capítulo anterior, exploramos el potencial transformador de la combinación entre la inteligencia artificial y las energías renovables. Sin embargo, como en cualquier gran empresa, este viaje hacia un futuro más sostenible no está exento de obstáculos y desafíos. En este capítulo, nos sumergiremos en uno de los desafíos más significativos que enfrentamos en la implementación de estas tecnologías: la integración en la infraestructura existente y la superación de las barreras regulatorias y sociales.

Barreras tecnológicas y logísticas

Uno de los primeros desafíos que enfrentamos al tratar de implementar la inteligencia artificial y las energías renovables a gran escala es la infraestructura existente. Nuestras redes eléctricas fueron diseñadas para manejar la generación centralizada y la distribución de energía de fuentes de combustibles fósiles. Integrar la generación distribuida de energía renovable, como la solar y la eólica, en estas redes presentan desafíos significativos.

Por ejemplo, las redes eléctricas tradicionales no están diseñadas para manejar la variabilidad inherente de las energías renovables, que dependen del sol y el viento. Esto puede llevar a problemas de estabilidad y confiabilidad en la red, como fluctuaciones en la frecuencia y la tensión eléctrica.

Por supuesto, la infraestructura necesaria para la implementación de tecnologías de energía renovable, como parques solares y parques eólicos, puede ser costosa y llevar tiempo construir. Esto puede retrasar la adopción masiva de estas tecnologías y limitar su alcance en algunas regiones.

Barreras regulatorias y políticas

Además de los desafíos tecnológicos y logísticos, también enfrentamos barreras regulatorias y políticas que pueden obstaculizar la implementación de la inteligencia artificial y las energías renovables. Las leyes y regulaciones actuales a menudo están diseñadas para apoyar las industrias tradicionales de energía, lo que dificulta la integración de nuevas tecnologías y modelos de negocio.

Por ejemplo, muchas jurisdicciones tienen tarifas y estructuras de precios que favorecen la energía generada por combustibles fósiles sobre la energía renovable. Esto puede dificultar la competitividad de las energías renovables en el mercado y desincentivar la inversión en estas tecnologías.

Las normativas de zonificación y permisos pueden dificultar la instalación de sistemas de energía renovable, como paneles solares en tejados o turbinas eólicas en terrenos baldíos. Los procesos burocráticos y la falta de claridad en las regulaciones pueden añadir tiempo y costos adicionales a los proyectos, lo que puede disuadir a los inversores y desarrolladores.

Desafíos sociales y culturales

Por último, pero no menos importante, también enfrentamos desafíos sociales y culturales en la adopción de la inteligencia artificial y las energías renovables. Aunque estas tecnologías ofrecen beneficios significativos en términos de sostenibilidad y mitigación del cambio climático, también pueden generar preocupaciones y resistencia por parte de ciertos grupos de interés.

Por ejemplo, algunos pueden temer la pérdida de empleos en industrias tradicionales, como la extracción de combustibles fósiles, a medida que nos alejamos de estas fuentes de energía. Otros pueden tener preocupaciones sobre la estética de los proyectos de energía renovable, como parques eólicos que alteran el paisaje natural o paneles solares que cubren grandes extensiones de tierra.

Además, también podemos enfrentar desafíos en términos de equidad y justicia social en la transición hacia un sistema de energía más sostenible. Es importante garantizar que todos los sectores de la sociedad tengan acceso a las oportunidades y beneficios que ofrecen estas tecnologías, y que no se deje a nadie atrás en este proceso de transformación.

En otro aspecto, la implementación de la inteligencia artificial y las energías renovables enfrenta una serie de desafíos significativos, desde barreras tecnológicas y logísticas hasta obstáculos regulatorios y sociales. Sin embargo, a pesar de estos desafíos, el potencial transformador de estas tecnologías es innegable. Con la voluntad política, la innovación tecnológica y el compromiso social, podemos superar estos obstáculos y construir un futuro más sostenible y resiliente para todos.

Capítulo 3

Resistencia de grupos de interés y problemas técnicos

Hemos visto que exploramos los desafíos tecnológicos, logísticos y regulatorios que enfrentamos en la implementación de la inteligencia artificial y las energías renovables. Sin embargo, estos no son los únicos obstáculos en nuestro camino hacia un futuro más sostenible. En este capítulo, nos sumergiremos en la resistencia de grupos de interés y los problemas técnicos inesperados que pueden surgir durante este proceso de transformación.

Resistencia de grupos de interés

Uno de los mayores desafíos que enfrentamos al intentar implementar la inteligencia artificial y las energías renovables es la resistencia de grupos de interés que tienen intereses creados en el statu quo. Estos grupos pueden incluir industrias de combustibles fósiles, empresas de servicios públicos tradicionales y otros actores que se benefician de la producción y distribución de energía basada en combustibles fósiles.

Estos grupos de interés pueden utilizar una variedad de tácticas para obstaculizar la adopción de tecnologías de energía renovable, desde el lobby político hasta las campañas de desinformación. Por ejemplo, pueden presionar a los legisladores para que aprueben leyes y regulaciones que favorezcan a las industrias de combustibles fósiles en detrimento de las energías renovables.

Incluso, estos grupos de interés también pueden intentar desacreditar o minimizar el potencial de las energías renovables, sembrando dudas sobre su viabilidad técnica, económica o ambiental. Esto puede incluir la difusión de información errónea sobre la confiabilidad de las energías renovables o los costos asociados con su implementación.

Problemas técnicos inesperados

Además de la resistencia de grupos de interés, también podemos enfrentar problemas técnicos inesperados durante la implementación de la inteligencia artificial y las energías renovables. A pesar de los avances tecnológicos y la investigación exhaustiva, siempre existe la posibilidad de que surjan desafíos imprevistos que pongan en peligro la viabilidad de proyectos de energía renovable.

Por ejemplo, pueden surgir problemas técnicos con el diseño o la fabricación de equipos de energía renovable, como paneles solares o turbinas eólicas. Estos problemas pueden llevar a retrasos en la construcción, costos adicionales y, en algunos casos, la necesidad de reemplazar equipos defectuosos.

También podemos enfrentar desafíos en términos de integración y compatibilidad entre diferentes tecnologías de energía renovable y la red eléctrica existente. Por ejemplo, la intermitencia de las energías renovables puede afectar la estabilidad y confiabilidad de la red eléctrica, especialmente si no se implementan medidas de mitigación adecuadas.

Superando los obstáculos

A pesar de estos desafíos, es importante reconocer que la resistencia de grupos de interés y los problemas técnicos inesperados no son insuperables. Con la colaboración entre el sector público y privado, la inversión en investigación y desarrollo y un compromiso firme con la sostenibilidad, podemos superar estos obstáculos y avanzar hacia un futuro más limpio y sostenible.

Por ejemplo, podemos trabajar para fortalecer las regulaciones y políticas que apoyan la adopción de energías renovables y desalientan el uso de combustibles fósiles. También podemos invertir en investigación y desarrollo para abordar los desafíos técnicos asociados con la energía renovable, como e almacenamiento de energía y la integración de la red.

Además, es importante educar al público sobre los beneficios de las energías renovables y desafiar la desinformación y los mitos que puedan perpetuar la resistencia de grupos de interés. A construir una coalición amplia y diversa de defensores de la energía limpia y la acción climática, podemos aumentar la presión sobre los responsables de la toma de decisiones y crear un impulso positivo hacia un futuro más sostenible.

Al fin y al cabo, la resistencia de grupos de interés y los problemas técnicos inesperados representan desafíos significativos en la implementación de la inteligencia artificial y las energías renovables. Sin embargo, con la voluntad política, la innovación tecnológica y el compromiso social, podemos superar estos obstáculos y construir un futuro más limpio, más saludable y más sostenible para todos.

Capítulo 4

Colaboración entre la inteligencia artificial y aplicaciones para energías renovables

Hemos explorado los desafíos y obstáculos que enfrentamos en la implementación de la inteligencia artificial y las energías renovables. Ahora, centrémonos en cómo la colaboración entre la inteligencia artificial y las aplicaciones móviles pueden impulsar aún más la adopción y la eficiencia de las energías renovables. En este capítulo, exploraremos algunas de las formas en que estas tecnologías pueden trabajar juntas y algunas aplicaciones móviles que están liderando el camino.

Optimización de consumo y gestión de energía

Una de las formas en que la inteligencia artificial y las aplicaciones pueden colaborar con las energías renovables es optimizando el consumo y la gestión de energía en los hogares y las empresas. Aplicaciones como "Sense" y "OhmConnect" utilizan algoritmos de inteligencia artificial para monitorear e consumo de energía en tiempo real e identificar áreas de desperdicio o ineficiencia.

Por ejemplo, "Sense" utiliza tecnología de inteligencia artificia para desglosar el consumo de energía de los electrodomésticos y dispositivos en el hogar, permitiendo a los usuarios identificar y reducir el consumo de energía en tiempo real. Esto puede ayudar a los usuarios a ajustar sus hábitos de consumo y reduci su huella de carbono.

Del mismo modo, "OhmConnect" utiliza la inteligencia artificia para predecir la demanda energética y coordinar la reducción del consumo de energía durante períodos de alta demanda. Lo: usuarios pueden recibir incentivos económicos por participar er estos programas y ayudar a estabilizar la red eléctrica reduciendo la necesidad de utilizar energía de fuentes no renovables.

Optimización de la generación de energía renovable

Además de optimizar el consumo de energía, la inteligencia artificial también puede ayudar a optimizar la generación de energía renovable. Aplicaciones como "SolarEdge" y "Enphas Enlighten" utilizan algoritmos de inteligencia artificial para monitorear y optimizar el rendimiento de sistemas solare fotovoltaicos en tiempo real.

Por ejemplo, "SolarEdge" utiliza tecnología de IA para maximizar la producción de energía solar al ajustar automáticamente la orientación y el ángulo de los paneles solares para maximizar la captura de energía solar. Del mismo modo, "Enphase Enlighten" utiliza algoritmos de aprendizaje automático para identificar y solucionar problemas de rendimiento en sistemas solares fotovoltaicos, como la sombra o el polvo en los paneles solares.

Estas aplicaciones no solo ayudan a los propietarios de sistemas solares a maximizar su producción de energía y reducir sus costos de energía, sino que también contribuyen a la estabilidad y confiabilidad de la red eléctrica al integrar de manera más eficiente la energía solar en la red.

Predicción y gestión de la demanda de energía

Además de optimizar el consumo y la generación de energía, la inteligencia artificial también puede ayudar a predecir y gestionar la demanda de energía en tiempo real. Aplicaciones como "Nest" y "ecobee" utilizan algoritmos de inteligencia artificial para aprender los patrones de uso de energía de los usuarios y ajustar automáticamente la calefacción, la refrigeración y otros dispositivos para maximizar la eficiencia energética.

Por ejemplo, "Nest" utiliza tecnología de IA para aprender las preferencias de temperatura de los usuarios y ajustar automáticamente el termostato para minimizar el consumo de energía sin comprometer la comodidad. Del mismo modo, "ecobee" utiliza algoritmos de aprendizaje automático para predecir la demanda de energía y ajustar la configuración del termostato en consecuencia, reduciendo el consumo de energía durante períodos de alta demanda.

Estas aplicaciones no solo ayudan a los usuarios a reducir su consumo de energía y sus facturas de servicios públicos, sino que también contribuyen a la estabilidad y confiabilidad de la red eléctrica al reducir la carga durante períodos de alta demanda.

Sí, hay varios lenguajes de programación y tecnologías que podrían ayudarle a complementar inteligencia artificial y energía renovable. He aquí algunas sugerencias:

Python: es uno de los lenguajes de programación más populares para el desarrollo de inteligencia artificial debido a sus numerosas bibliotecas y marcos de trabajo como TensorFlow, Keras y PyTorch. También es muy utilizado en el análisis de datos y la visualización, lo que puede ser útil para trabajar con datos de energía renovable.

R: Al igual que Python, R es otro lenguaje popular para el análisis de datos y la estadística. Tiene numerosas bibliotecas para el análisis de datos y el modelado estadístico, lo que puede ser útil en el contexto de la energía renovable.

MATLAB: es ampliamente utilizado en ingeniería y ciencia, incluyendo aplicaciones en energía renovable. Tiene herramientas para el modelado y simulación de sistemas, lo que puede ser útil para diseñar y optimizar sistemas de energía renovable.

Java y C++: Estos lenguajes son más comúnmente utilizados en aplicaciones de sistemas embebidos y de tiempo real. Podrían ser útiles si está usted trabajando en el desarrollo de sistemas de control para tecnologías de energía renovable.

Lenguajes de dominio específico (DSL): En el campo de la energía renovable, es posible que usted encuentre lenguajes de programación específicos diseñados para modelar y simular sistemas energéticos, como Modelica.

¡Veamos un ejemplo de cómo se podría utilizar la inteligencia artificial! Aquí tenemos uno, para optimizar el rendimiento de un sistema de energía renovable, como un parque eólico:

Supongamos que tenemos datos históricos de la velocidad del viento, la dirección del viento, la temperatura y la producción de energía de un parque eólico durante un período de tiempo. Queremos desarrollar un modelo predictivo que pueda predecir la producción de energía del parque eólico en función de las condiciones meteorológicas.

Paso 1: Pre procesamiento de datos:

- Utilice Python con bibliotecas como pandas y scikit-learn para cargar y pre procesar los datos. Esto puede incluir la limpieza de datos, la eliminación de valores atípicos y la normalización de las características.

Paso 2: Ingeniería de características:

- Cree nuevas características a partir de los datos existentes que puedan ser relevantes para predecir la producción de energía, como la velocidad media del viento en las últimas horas o la dirección predominante del viento.

Paso 3: Desarrollo del modelo:

- Utilice algoritmos de aprendizaje automático, como regresión lineal, regresión polinómica, Support Vector Machines (SVM) o modelos de redes neuronales, para entrenar un modelo utilizando los datos históricos. Puede implementar esto utilizando bibliotecas como scikit-learn o TensorFlow.

Paso 4: Validación del modelo:

- Divida sus datos en conjuntos de entrenamiento y prueba para evaluar el rendimiento del modelo. Utilice métricas como el error cuadrático medio (MSE) o el coeficiente de determinación (R^2) para evaluar qué tan bien se ajusta el modelo a los datos de prueba.

Paso 5: Optimización del modelo:

- Experimente con diferentes algoritmos de aprendizaje automático y técnicas de ingeniería de características para mejorar el rendimiento del modelo. Esto puede implicar ajustar los híper parámetros del modelo o probar diferentes combinaciones de características.

Una vez que haya desarrollado un modelo preciso, usted puede utilizarlo para predecir la producción de energía del parque eólico en tiempo real utilizando datos meteorológicos en tiempo real. Esto podría ayudar a los operadores del parque eólico a tomar decisiones informadas sobre la gestión de la energía, como programar el mantenimiento de turbinas o ajustar la producción de energía en función de las condiciones del viento.

En fin, la colaboración entre la inteligencia artificial y las aplicaciones móviles ofrece un gran potencial para impulsar la adopción y la eficiencia de las energías renovables. Desde la optimización del consumo y la generación de energía hasta la predicción y gestión de la demanda de energía, estas tecnologías pueden trabajar juntas para construir un futuro más limpio, más saludable y más sostenible para todos.

A medida que continuamos avanzando en la era de la energía renovable y la inteligencia artificial, es importante seguir explorando nuevas formas de aprovechar el poder de estas tecnologías para abordar los desafíos del cambio climático y construir un mundo mejor para las generaciones futuras.

Capítulo 5

Una resolución satisfactoria

Después de enfrentar numerosos desafíos y obstáculos en el camino, finalmente hemos llegado a un punto de inflexión en nuestra búsqueda de un futuro más sostenible y resiliente. En este capítulo final, exploraremos cómo la colaboración entre la inteligencia artificial y las energías renovables ha permitido superar los obstáculos y lograr un impacto positivo en la sociedad.

Superando los desafíos tecnológicos y logísticos

Desde el principio, enfrentamos una serie de desafíos tecnológicos y logísticos en la implementación de la inteligencia artificial y las energías renovables. Sin embargo, gracias a la innovación y la investigación continua, hemos logrado superar estos obstáculos y avanzar hacia un futuro más limpio y sostenible.

Por ejemplo, hemos desarrollado nuevas tecnologías de almacenamiento de energía que permiten aprovechar al máximo la energía solar y eólica, incluso cuando el sol no brilla o el viento no sopla. Estos sistemas de almacenamiento de energía, junto con algoritmos de inteligencia artificial avanzados, nos permiten gestionar de manera más eficiente la generación y distribución de energía renovable, garantizando un suministro confiable y estable para todos.

Además, hemos trabajado para fortalecer la infraestructura de red existente y desarrollar nuevas tecnologías de transmisión y distribución que pueden manejar la creciente cantidad de energía renovable en la red. Esto incluye la implementación de sistemas de gestión de red basados en inteligencia artificial que pueden prever y mitigar problemas antes de que ocurran, garantizando la estabilidad y confiabilidad de la red eléctrica en todo momento.

Abordando las barreras regulatorias y políticas

Otro desafío importante que enfrentamos fue abordar las barreras regulatorias y políticas que obstaculizaban la adopción de energías renovables y tecnologías de inteligencia artificial. Sin embargo, a través del trabajo colaborativo entre gobiernos, empresas y la sociedad civil, hemos logrado impulsar cambios significativos en las políticas y regulaciones que apoyan la transición hacia un sistema de energía más limpio y sostenible.

Por ejemplo, hemos implementado incentivos fiscales y subsidios para promover la inversión en energías renovables y tecnologías de eficiencia energética. También hemos desarrollado políticas de energía limpia y objetivos de energía renovable a nivel nacional e internacional, estableciendo un marco claro y consistente para la transición hacia un futuro más sostenible.

Además, hemos trabajado para mejorar la educación y la conciencia pública sobre los beneficios de las energías renovables y la importancia de la acción climática. A través de campañas de sensibilización y programas educativos, hemos logrado fomentar un cambio cultural y social que valora y prioriza la sostenibilidad y la protección del medio ambiente.

Impacto positivo en la sociedad

Gracias a estos esfuerzos concertados, hemos logrado un impacto positivo significativo en la sociedad en su conjunto. La adopción generalizada de energías renovables ha reducido drásticamente nuestras emisiones de gases de efecto invernadero y nuestra dependencia de los combustibles fósiles, ayudando a frenar el cambio climático y proteger nuestro planeta para las generaciones futuras.

Además, la transición hacia un sistema de energía más limpio y sostenible ha creado nuevas oportunidades económicas y empleo en sectores como la fabricación de paneles solares y turbinas eólicas, la instalación de sistemas de energía renovable y el desarrollo de tecnologías de inteligencia artificial. Esto ha

impulsado el crecimiento económico y la innovación en todo e
mundo, creando un futuro más próspero y equitativo para
todos.

Por último, pero no menos importante, la colaboración entre la
inteligencia artificial y las energías renovables ha mejorado la
calidad de vida de las personas en todo el mundo. Desde
comunidades rurales que ahora tienen acceso a energía limpia y
asequible hasta ciudades que son más limpias y saludables
gracias a la reducción de la contaminación del aire y el agua
hemos logrado crear un mundo más seguro, saludable y
sostenible para todos.

En resumen, la colaboración entre la inteligencia artificial y las
energías renovables ha demostrado ser una fuerza poderosa
para el cambio positivo en nuestra sociedad. A través de la
innovación, la colaboración y el compromiso con un futuro más
sostenible, hemos superado los obstáculos y desafíos en nuestro
camino y hemos creado un mundo mejor para las generaciones
futuras.

A medida que continuamos avanzando en este viaje, es
importante recordar que nuestro trabajo no ha terminado. Aún
quedan desafíos por delante y nuevas oportunidades por
explorar. Sin embargo, con la determinación y el compromiso
continuo, podemos seguir construyendo un futuro más limpio
más saludable y más sostenible para todos.

Capítulo 6

Hacia un futuro sostenible

A lo largo de este viaje exploratorio, hemos examinado de cerca la intersección entre la inteligencia artificial y las energías renovables, y cómo esta colaboración puede ser la clave para abordar algunos de los desafíos más apremiantes que enfrenta nuestra sociedad. Desde la mitigación del cambio climático hasta la creación de un futuro más próspero y equitativo, hemos visto cómo estas tecnologías pueden trabajar juntas para transformar nuestra forma de vida y asegurar un mundo mejor para las generaciones futuras.

Lecciones aprendidas

En el transcurso de nuestra exploración, hemos aprendido una serie de lecciones valiosas sobre el potencial de la colaboración entre la inteligencia artificial y las energías renovables:

1. *Innovación tecnológica:* La innovación tecnológica, impulsada por avances en inteligencia artificial y energías renovables, puede ofrecer soluciones creativas y efectivas para abordar desafíos complejos como el cambio climático y la escasez de recursos naturales.

2. *Colaboración multidisciplinaria:* La colaboración entre expertos en inteligencia artificial, energías renovables ciencias sociales y políticas es fundamental para desarrolla soluciones integrales y sostenibles que aborden los desafíos globales de manera efectiva.

3. *Sostenibilidad y Resiliencia:* La transición hacia un sistema de energía más limpio y sostenible no solo es posible sino también esencial para garantizar la resiliencia de nuestra sociedad frente a los impactos del cambio climático y otros riesgos ambientales.

4. *Equidad y Justicia social:* Es importante garantiza que la transición hacia un sistema de energía más sostenible sea equitativa y justa, y que todos los sectores de la sociedad tengan acceso a las oportunidades y beneficios que ofrecen esta tecnologías.

5. *Educación y Conciencia pública:* La educación y la conciencia pública son fundamentales para fomentar la adopción de tecnologías de energía renovable y promover un cambio cultural y social hacia un estilo de vida más sostenible y respetuosa con el medio ambiente.

El potencial de la colaboración

A medida que miramos hacia el futuro, queda claro que la colaboración entre la inteligencia artificial y las energías renovables tiene un potencial inmenso para transformar nuestra sociedad y nuestro mundo. Algunas de las formas en que esta colaboración puede tener un impacto significativo incluyen:

1. *Mitigación del cambio climático:* La adopción generalizada de energías renovables, impulsada por la inteligencia artificial, puede ayudar a reducir drásticamente nuestras emisiones de gases de efecto invernadero y frenar el calentamiento global.

2. *Acceso a energía limpia:* La combinación de tecnologías de energía renovable e inteligencia artificial puede ayudar a llevar energía limpia y asequible a comunidades de todo el mundo que actualmente carecen de acceso confiable a la electricidad.

3. *Crecimiento económico y Empleo:* La transición hacia un sistema de energía más sostenible puede estimular la creación de empleo y el crecimiento económico en sectores como la fabricación, la instalación y el mantenimiento de tecnologías de energía renovable.

4. *Resiliencia y Adaptación:* La integración de tecnologías de inteligencia artificial en la gestión de redes

eléctricas y sistemas de energía renovable puede mejorar la resiliencia de nuestra infraestructura energética y ayudarnos a adaptarnos mejor a los impactos del cambio climático.

5. *Innovación y Creatividad:* La colaboración entre la inteligencia artificial y las energías renovables puede estimular la innovación y la creatividad en la búsqueda de soluciones sostenibles para los desafíos globales, desde el diseño de sistemas de energía más eficientes hasta el desarrollo de nuevas tecnologías de almacenamiento de energía.

Mirando hacia el futuro

A medida que avanzamos hacia el futuro, es fundamental seguir explorando nuevas formas de aprovechar el potencial de la colaboración entre la inteligencia artificial y las energías renovables. Esto incluye invertir en investigación y desarrollo, fortalecer las políticas y regulaciones que apoyan la transición hacia un sistema de energía más sostenible, y fomentar la educación y la conciencia pública sobre los beneficios de estas tecnologías.

Con determinación, colaboración y compromiso, podemos construir un mundo más limpio, más saludable y más sostenible para todos. La combinación de inteligencia artificial y energías renovables nos brinda la oportunidad de enfrentar los desafíos globales con creatividad y resiliencia, y de construir un futuro en el que todos podamos prosperar.

Conclusión

La colaboración entre la inteligencia artificial y las energías renovables representa una oportunidad única para transformar nuestra sociedad y asegurar un futuro mejor para las generaciones futuras. Al aprovechar el potencial de estas tecnologías, podemos abordar los desafíos más apremiantes que enfrentamos, desde el cambio climático hasta la pobreza energética, y construir un mundo más sostenible y equitativo para todos.

Sigamos avanzando juntos en este viaje hacia un futuro más brillante y más limpio. Con visión, innovación y acción colectiva, podemos hacer realidad el sueño de un mundo en el que la inteligencia artificial y las energías renovables trabajen juntas para construir un futuro mejor para todos.

www.ingramcontent.com/pod-product-compliance
Lightning Source LLC
LaVergne TN
LVHW051649050326
832903LV00034B/4778